사라져간 붉은 꽃잎들

시와문화 시집 70

사라져간 붉은 꽃잎들

박병성 시집

시와문화

■시인의 말

아무렇지 않게
다 던지고 떠나기엔
너무 쓸쓸해
시를 쓴다
새벽 4시쯤
소리 없이 떠나기 좋은 시간에
펜 하나 들고
미명을 걷으며 길을 떠난다

2023년 5월 박병성

|차례|

2부 사라져간 붉은 꽃잎

3부 그대가 있던 그 자리

4부 내가 사랑하는 사람과 세상

1부
사람 사는 세상을 꿈꾸며

중독

눈을 뜨자마자
식사가 끝나자마자 집어 들었던 담배처럼
휴대폰을 찾는다

손가락 하나로 열리는
나 없어도 잘 돌아가는 세상,
폴더 속의 말과 글로 하루를 연다

길을 걸을 때나 밥을 먹을 때나
잠들기 전에도
나를 놓지 않았던 그 사람이, 마침내
그 자리에서 바뀐 것이다

자유를 너무 누려 신물 난 우리는
스스로 올가미 몇 개 만들어

살 맞대고 살아가는 군상들과
산과 강을
코끝을 간질이는 봄바람을
잊고 사는 것이다

빨간 우체통이 서있는 느티나무 그늘 아래
언제나 늦게 오는 버스를 기다리듯
그렇게 살 수는 없을까

나만의 자유를 위해 담배 하나쯤 버렸듯이
폴더에 갇힌 너와 나의 말 없는 세계에서
홀연히 벗어날 수는 없을까

불을 꺼야 빛나리

어둠이 짙을수록 별은 더 밝게 빛난다
쌓인 간절함의 두께만큼 내 안에 똬리를 튼
수많은 회한으로 켜놓은 불을 꺼야 하리

불을 꺼야 하리
손가락 걸고 돌아선 수많은 거짓에 대해
동그라미 속에 갇힌 사람 '人'字가
점괘 '卜'字가 되는 것에 대해
이글거리는 불빛, 불빛

서달산 현충원 호국 지장사를 지나며
검은 정장 코트 걸치고
시도 때도 없이 도열해 있는
구국 열사를 사칭한 가벼운 입들을 떠올리며

지나간 일에 혹은
아무 일 없이 지나갈 일에
붙매인 불을 끄고
밖으로 나가 하늘을 보라

수많은 등불에 가려진 자리마다
무념무상의 어둠이 펼쳐질 때
반짝이는 별들만이
머리에도 가슴에도 온통 빛나리

자유를 위하여

아무것도 하지 않을 자유를 위해
나는 오늘 밭에 간다

해질녘 집에 올 때는 그물망도 건져 오리

사랑한다는 말도 아끼리
그리고 영원히 변치 않으리라 맹세하지 않겠다

지금처럼
그대 더 오래도록 사랑하기 위하여…

그리고 훗날
등 뒤의 나로부터 나를 자유롭게 하기 위해
나는 오늘도 한 줄의 시에 얽매인다

겨울비

제국은 혁명 그 후부터
폐결핵을 앓아온 박명薄命한 여인,
히말라야 만년설에 뿌리내린 복수초가 오히려 심상찮다
제국의 태양과 달은 바람과 구름과 햇볕에게
항상 소풍처럼 놀다 가랬는데
기름이 타들어가는 저녁놀은
죽은 피 다 쏟아낸 듯
여인의 쾌적했던 침실은 이제
한여름 잠 못 드는 날들로 되돌아오고
실외기 옆 자스민 잎에는 진딧물이 난장을 벌이고,
성탄절 눈꽃의 기대는 달력 마지막 한 장에 남긴 채
몇 날 며칠 추적추적 내리는 겨울비
뭉크의 '절규' 속에
병색 짙은 여인의 눈엔 검은 눈물이 흐르고
각혈한 핏빛으로 저물어가는 석양은
떠나는 강물에 자꾸 흔들리는데
섣달그믐 갈고리 달빛에 때 잊은
진달래와 개나리 꽃망울이 편찮다

남산, 딸깍발이 소나무

외로운 그 섬
남산골샌님 미투리 한 짝만 한 땅에
뿌리 내리고 몸집 키워
쪽빛 하늘 한복판을 지켜온 소나무는
파란 샘물 저 하늘이
가야 할 고향으로 알고 있었다

밤이 되면 별들은 쏟아져
도시는 온갖 색깔로 빛을 내뿜고
휴면의 시간 빼앗기기 인이 박힌 딸깍발이는
파란 저 강 시작되는 백두대간이
돌아갈 고향으로 알고 있었다

그러나 이제는 서울의 외딴섬
저 백두대간 금강소나무는 못 돼도
내려다보면 황사 띠에 목매단 고층빌딩 숲
서울의 마지막 그리움으로 남아

오늘도 서울 하늘엔 별빛 두어 점
산으로 간 비둘기 목에선

그렁그렁 가래가 끓고
솔 향기는 더덕더덕 잿빛으로 남아

소리 없이 스쳐가는 먼지바람
청솔가지 촘촘한 빗살로 걸러내며
딸깍발이는 가지마다 등에 진
솔방울의 무게가 무겁기만 하다

숟가락

남한산성 아래 단골 보리밥집
조팝꽃같이 늙으신 밀양 할머니,
직접 캐온 냉이라며 된장찌개 간을 보신다
그 숟가락 다시 뚝배기로 들어간다

아가와의 입맞춤처럼 쪼-옥
된장국 간을 보시는 밀양박씨 우리 어머니,
그 숟가락 다시 냄비로 들어간다

조팝꽃 같은 어머니의 미소가 냄비에 번지며
손맛도, 어머니의 오랜 입맛도
보글보글 끓는다

어머니의 숟가락을 떠올리며
즐거운 식사를 한다

누군가의 입속에 들어갔을
반질반질 입술로 잘 닦아진 숟가락

조금은 꺼림칙하기도 하고

조금은 야릇하기도 하고
즐거운 상상을 하며 뜨거워진 숟가락

어머니의 봉분 같은 고봉밥 비벼
윗입술 야무지게 꾹꾹 눌러 뚝딱 먹어 치운다

창밖 3월의 바람 끝이 아직은 차가운데
누군지 보이지 않는 인연
그 데워진 의자에 앉아 은밀하게 주고받는다

파도
-노량진 거리에서 1

바닷새 날갯짓하며 꿈꾸며 달려와
해당화 핀 모래톱에 다 와서
흥건한 거품으로 남고 말지만

그까짓 상처쯤 두렵지 않다고 소리치며
다시 일어서 부딪치고
또 부딪쳐
갯바위 앞에서 흰소리로 부서지고 말지만

새벽별 내려와 잠든 윤슬에서 그러나
오늘도 등 따숩게 드러눕지 못하는 것은

갈매기 소리 들리는 너의 울음 받아주겠다는
육지가 내미는
묵은 약속 하나 있기 때문이다

신새벽 수평선 너머 난바다는
꽃들의 성지,
기어이 다시 일어나

외치며 어깨동무하고 또다시
달려오는 것은 질풍노도,
파도는 청춘이기 때문이다

언젠가 한 마리 바닷새 되어
기어이 넘어야 할
저 산 하나

꽃아
-노량진 거리에서 2

꽃아, 붉은 꽃아
시들어가는 것들을 보듬고 피어나는 꽃아
동트는 새벽녘 찬 이슬 먹고 자라는 꽃아
눈물만 한 밑거름이 어디 있으며
손끝에 남은 땀방울만 한 웃거름이 어디 있겠는가
상처가 몸에 배어 굳은살이 되지 않고
곪아 터져야 꽃으로 피는 것
무너지는 언덕에 홀로 서있는 청춘아
절망의 자양분 먹고 사는 너의 그리움에
붉은 꽃나무 하나 다시 심고
비바람에 넘어지면
젖은 땅바닥에 손 짚고 다시 일어나라 꽃아

전화

회사 가까운 來美安아파트 옆
비좁은 담 모퉁이
오늘도 어김없이 오뉴월 땡볕 등으로 받으며
상추 오이 깻잎 고추 파 갖다 파는 노인네,
점심 드실 시간인가 보다
허연 비닐봉지에 싼 허연 찐 감자 몇 개
플라스틱 찬합엔 온통 허연 김치뿐,
이윽고 파뿌리 성긴 머리칼
꾹꾹 누른 고개 한번 들지 않던 노인네
낮달맞이꽃 연노랑 빛 연한 미소 얼굴에 번진다
휴대전화에 저장된 웃음 눈가에서 펼치며
기다렸다는 듯이 전화를 받는다
"그래 아가, 난 밥 많이 묵었다 니도 점심 잘 묵었제?"
시집간 딸내미는 노상 엄마가 걱정이다
노인네는 끼니때마다 오는 전화
조금 늦게라도 받을 양이면
가슴부터 쓸어내릴 딸내미가
늘 걱정이다

촛불
-광화문 거리에서

한 치 앞 내디딜 땅도 없을 때
내일에 어떤 희미한 빛도 보이지 않을 때
세상을 탓하지 마라

품에 안아야 비로소
세상은 아름다운 것
세상을 안은 너의 굵은 눈물 자국에
마지막 까만 심지로 남을 때까지
작은 촛불이라도 돼라

너 언제 한번 오롯이
자신을 불태워 보았던가
청춘아,
한 움큼의 바람에도 춤을 추는
작은 촛불이라도 돼라

온전히 살과 뼈를 태우는 땀과 눈물
그 정도만큼
제 몸의 열기로 남는 법

제 몸의 타는 냄새 맡아가며
칼바람에 흔들리는 촛불로 있어야 비로소
세상은 아름다운 것이다

매미
–부엉이바위에서

한때는 살아남기 위해서 몸부림쳤었다
그래서 아우성 속 도시의
온갖 혼탁한 소리들을 이기기 위해
목청껏 외쳤던 것이다

한때는 화려한 비상을 꿈꾸며 살아온
어둠의 세월이 의례의 시작인 줄 알았다
그 동굴 박차 나서면
푸른 숲의 바다를 거침없이 비상할 줄 알았다

땅강아지의 강한 이빨도
박쥐의 날카로운 부리도
오직 비단 날개를 꿈꾸며 이겨온 세월이었으니
그깟 거미줄 따위가 위태로울 수 있었을까

그러나
기대의 무너짐으로 지친 어깨 기대선
더는 오르지 못할 왕릉의 바위산 끝자락에서 매미는
아무렇지 않게 흰 구름 유유悠悠하는

멀쩡하게 푸른 하늘이 싫어 이제는
휘어진 소나무 둥치 보듬고 피눈물로 우는 것이다

그리고 보란 듯이
왕조의 그늘에 인고의 허물인 양
비석 하나 뉘어두고
흙수저 상두꾼, 곡비들의 곡소리와 함께
다시 꿈꾸던 세계로 돌아가려는 것이다

무당거미와 박새

아침 햇살 영롱한 이슬방울에
귀신도 모르게
구름 색에 맞춰 짜 논 그물망은 들통나고
무당거미는 밤새 포식했는지
어디서 처박혀 뒹굴고 있는지

밤을 탐닉하는 어둠의 날파리들
그리고 어쩌다 깨끼한복 부전나비 하나
호기롭게 생피 빨아 해치웠다고
어디서 뒤뚱뒤뚱 걸어오고 있는지

죽어서도 날개를 접지 않는다는
고고한 왕고추잠자리 긴 기다림 끝에 걸려들어
파닥거리고 몸부림치지만 그럴수록
말총 꼿꼿한 관모는 오랏줄에 칭칭 감겨
기진맥진하는 정오의 한낮,

교미 전 자신의 앞다리 하나 털썩 내주고
암컷의 포식을 가까스로 피한
주눅 든 王거미는 줄광대 되어

외줄 타고 둘레둘레 두리번거리며
매가리 없이 내려오는데

그때,
법당이든 교회당이든 헤집고 다니며
황금똥을 싸제끼던 박새 한 마리
너덜너덜해진 그물망 사이로
王거미 입에 물고 쏜살같이 달아난다

엄지손가락

코앞에 대놓고 할 수 없는 말은
엄지로도 하지 말라
그 손가락은 삿대질이다
삿대질을 하려거든 멱살을 잡든지

혀는 심장에 대못을 남기고 사라지지만
손가락은 문신하는 바늘 같은 것이다

키보드 뒤에 숨어
입가에 미소를 날리는 너의 엄지,
누군가의 불면의 눈물을 흐르게 한
차가운 웃음의 손가락은 비수다

시퍼렇게 날이 선 비수는
손가락이 내뱉는 막말이다
등불 뒤에 유령처럼 몸을 감추지만 결국
너의 지문으로 남는다

지문은 나만의 부드러운 곡선
세상 단 하나뿐인 아비 어미의 얼굴

함부로 여기저기 날리지 말라

아비 어미의 얼굴을 내걸고
손가락에 영혼을 담든지

바보

바보라고 다 바보가 아니다
진짜 바보는 내 것이 따로 없다
가짜 바보는 네 것도 내 것이라고 한다

진짜 바보는 주위를 둘러보다 넘어지기 일쑤다
가짜 바보에게는 제 앞엣것만 보이니
세상이 참 쉽고 만만하다

진짜 바보는 항상 자신을 못난이라고 생각한다
그러나 가짜 바보는 제 잘난 맛에 산다
세상 사람들을 다 바보로 안다

진짜 바보는 눈물이 많다
아가의 눈망울만 봐도 울고
허리 굽은 할머니 손등만 만져도 운다

그리고 그는 다른 이의 눈물에 뜨거운 눈물이 맺힌다
제 몸 눈물로 타는, 까만 심지로 남는다

훗날 사람들은 그런 그를 '바보'라고 한다.

아물지 못한 상처

누구나 아물지 못한 상처 하나쯤 안고 살아가리

말에 베인 상처는 아물지 못한다

만지고 만지다
아픔은 진물이 되어 뼛속까지 스며들고
결국 고름은 살이 되지 못한다

어쩌면 나의 혓바닥도 흉기가 되어
누군가의 가슴 깊이
아물지 못하는 상처로 박혀있을지 모른다는
생각에

부끄러움 가려줄 나무 그늘 하나 없는 거리에서
한낮 햇살이 가슴팍에
화살촉으로 와서 박힌다

팽나무에 기대어

베풀고 돌아서면 잊어버리는 것이 사랑
내색하지 않는 사랑 아닌가

나무줄기의 나이테 가장 깊은
지금은 늙어 무기질로 딱딱해진 그곳이
교목을 지탱하게 하나니

바람이 세찰수록 뿌리는
손가락 마디마디 뒤틀리도록 흙을 움켜쥐고
가문 날에는 물기 찾아 마른 땅 파헤쳤나니

그리고 몸통에, 곪아 터진 몸살은
울퉁불퉁 까맣게 속이 탄 옹이로 남기고
바람 잘 일 없는 가지마다 새잎 틔웠나니

제 물을 마시지 않는 강江이
말없이 바다에 이르듯
그늘을 주는 팽나무
자신은 잎사귀로 땡볕을 마다하지 않느니

팽나무에 등을 기대면
저절로 감기는 눈

해가 뜨고 해가 지는
금빛 하늘의 바다가 항상 고요하듯

텅 비운 몸으로 그늘은 여전하고
엄마의 밥상에는 늘 별들로 가득하지 않은가

나 홀로 산행

가끔은 도시를 등지고
도시의 온갖 불순한 흙먼지도 품어주는
산을 닮기 위해 산에 오르라

툭 툭 떨어지는 도토리 한 알처럼
나 또한 자연의 하나,

등짐 다 부려놓고 물병 하나 뒷짐 지고
나를 멈칫거리게 하고 두리번거리게 했던
나의 덧없는 그림자도 고만 남겨두고 산에 오르라

얼마를 더 가야 하냐고 물어 무엇하랴
홀로 산에 오르는 것은
내 안의 사랑했던 것들과 작별하기 위해서
외로워지는 연습을 하는 것

정상으로 가는 길 물어 무엇하겠는가
산에 오르는 것은 어차피
홀로 가는 나를 만나러 가는 것

2부

사라져간 붉은 꽃잎들

압화壓花

시집 한 권 다시 꺼내어 뒤적이는데
책갈피에서 납작해진 네 잎 클로버
힘없이 미끄러진다

몇 장을 넘기니 분홍 노루귀가
또 애기단풍이
죽은피 색깔로 납작하게 눌려있다

내 피와 살이었던 너

아가 때, 땅바닥에 넘어져도
손바닥 야무지게 털며 벌떡 일어났던 너

가장 밑바닥에서 피 다 마르도록
땅바닥 손 짚고 일어서지 못해
절망이었을 너, 내 새끼

공평하지 못한
시간의 바람이 지나간 그날을
다시 일으켜 세우지 못하고

네가 남긴 절망의 시간만큼 더 살아야 하는
무엇으로도 위로되지 못하는 애비 에미

행여라도 볼까봐
두 겹 세 겹 포개진 조화弔花
위엣것들 살그머니 내려놓고
분향소에서 돌아온 그날

이후 이제는 아무리 가벼운 책장일지라도
그 사이에 이쁜 꽃들 눌러놓지 않으리

이제는 무엇이든
포개어 쌓아놓지 않으리

쌓아놓은 책들 바로 세워진 그날

노랑 종이배

애기똥풀 꽃잎 모아
눈물로 짓이겨
노란 색깔 종이배 하나 띄워본들
밀려오는 까치너울 이겨내지 못하는구나

노을 지는 맹골수도
엄니의 노란 슬픔 리본으로 매어단들
아이들의 웃음소리, 엄마 부르는 소리,
손톱 긁히는 소리 섞여오는 갯바람에
소금기만 희뜩거리는구나

회동리와 모도리를 가르는 모세의 기적으로
맹골수도 바닷물 다 마를 때꺼정
그렇게 기다려야만 하는 것이냐

"얼척없어 못 살겄네 아그덜 넋이 건져지질 않는당께"
목청은 계면조 가락가락 이기지 못해
질끈 감은 눈 차마 뜰 수 없어
씻김굿 하다 말고 무녀도 까무러치는
보랏빛 노을 지는 팽목항

번호 매겨진 시신이라도
삼신할미 고맙다고 박수치는 엄니의 곡소리
맹골수도는 온통 노란색으로 소용돌이 되는
단장斷腸*을 아느냐 너희들은,

울둘목 거친 물살도 이겨낼
죽지 못할 보리숭어들아

*단장斷腸 : 세설신어世說新語에 진나라 때 한 병사가 새끼 원숭이를 잡아 배에 싣고 가는데 어미 원숭이가 백여 리를 울부짖으며 좇아오더니 강어귀에 정박한 배에 뛰어올랐으나 바로 죽고 말았다. 이상하여 병사들이 배를 갈라보니 창자가 토막토막 나 있었다는 고사故事.

홍매화 피는 밤

남쪽에는 아직도 눈꽃 녹여 꽃눈 틔운
홍매화 나목의 핏빛 서슬
가지가지마다 눈물방울로 떨어지는가
잠을 잊은 그대여
어둠이 몰려오고
한치 앞을 모를 때의 두려움보다
뻔히 보이는 밤이 더 두렵다는 그대여
어둠의 고통은 빛의 산실이라고
함부로 위로하지 말자
어느 이른 봄날 문득 커튼을 젖히자
부신 햇살 머금은 새소리 이마에 부딪는
기막힌 아침놀이 펼쳐질 거라고, 그리고
어떤 아픔도 시간의 바람으로 산화된다고
함부로 말하지 말자
눈꽃 진 자리마다 꽃눈 틔운
짙은 입술 앙다문 홍매화 나목의 오기
가지가지에 붉은 눈물방울로 쏙 빠질 때까지
다시 어둠의 고통을 만나기로 하자
여명과 함께 폭죽처럼 터지는
불꽃이 될 때까지

대나무 숲은 울음소리로 서늘하다

한여름 대낮 대나무 숲에는
통소 소리 같은 바람이 서늘하다

임진년 민중의 활시위 소리와
동학년 농민의 죽창에서 들리는
함성과 함께 서늘하다

매화 합죽선 펼치며 나는 듯 휘도는
관비官婢의 부챗살에서도
시누대 서슬 퍼런 바람 불어 서늘한
몽중헌夢中軒의 오후

세상의 껴안지 못한 아픔들
그 뒷장 이야기들로 자꾸 흔들리는 대나무,
대나무 숲은 세피리 울음소리로 서늘하다

5월, 장불재 광장

산등성이엔 비를 품은 구름 한 무더기
봉숭아 씨방처럼
바람만 스쳐도 터질 것 같은 울음

풍장이 시작된 민들레는 하얀 깃털의 혼백으로
연두색 바람 따라 떠날 준비 마쳤는데

5월의 그 바람 미처 느끼지도 못한 채
장불재 가는 길은
피고 지고 하는 피딱지 붉은 철쭉들

이윽고 꽃봉오리 터지는 통곡 소리 밟아가며
비릿한 피 냄새도 온몸으로 받으며
둘러보니 장불재
여기는 아직도 광장 같은 5월이구나

아, 5월의 꽃들은
눈물방울 핏방울 떨어진 그 자리에서
여태 다 떠나지 못하였구나

잎새에 꽂힌 햇살 털어 가며
살아 숨쉰 세월에 들지 못한 고개
가까스로 올려보니

주상절리는 솟대 되어 광장을 지키려는지
여위어가는 태양 들어 올리려는 서석대가
소맷자락 붙잡고 놓질 않는구나

어느 냉담자의 고해

결코 살기 띤 이리떼들이 무서웠던 게 아니었다
두개골이 깨어지고
총검에 찔리는 죽음보다 더 두려운 것은
무심코 뒤를 보이며 도망하는 것이었다
별빛이 화살촉처럼 날카로워 커튼을 내리고
거울 속의 나를 피해 불을 끈 채
내 속을 들여다본 떨리는 담배 연기
촛불 속에 녹아들 때까지
밤새 끙끙 앓다 짧은 꿈을 꾸었다
금남로 빌딩 옥상에서
그 악마를 밀어 죽이는 꿈을 꾸다
성당의 종소리 입에 물고 흩어지는 비둘기 떼 소리에
소스라쳐 놀라 깬 그날의 아침,
바람벽에서 떨어져 햇살에 반짝이는
금간 십자가상, 그 질량에 의한
중력의 법칙을 애써 부인하며
하루 종일 신열로 끙끙 앓다
그와 예정에 없었던 이별을 고했다
잠재의식 속의 살인이 문제가 아니었다
죽인 그 악마를 용서하라는

사제에 대한 항거의 문제가 아니었다
5월의 풀꽃들이 이리떼에 짓이겨진
꽃봉오리 목이 잘려 뒹구는 비명의 거리에서
비명은 화살 되어 등에 와 박히는데
뒤돌아보지도 않고 뛰었던 뒤통수가
살아온 세월만큼 부끄러워,
예배당 후미진 어느 곳에서도
더 이상 그를 만날 수 없었다

한강에서 낚시하다

1

흘러가는 것들 그대로 두지 못해
콘크리트 발라진 둔치
아래로 아래로 도도히 흘러야 하는 강은
오늘도 뜨겁게 데워져
생채기 난 몸 뒤척뒤척 끓고 있다

거역하지 못할 강을 찾아 상류로 거슬러 오르니
팔당댐이 뱉어내어 새로 시작된
한강이 비로소 흐른다
갈대와 자갈과 모래톱이 잉어와 어울려
숨을 쉬는 본연의 강

五月, 그 뜨거운 한낮
오색 찌의 흔들거리는 유혹에
꽃밭인 양 속아 겹눈이 멋쩍은 물잠자리
찌 끝에서 졸고 있는 오수의 둔치,
첫 입맞춤의 떨리는 입술 같은
찌를 응시하며 신경전을 펼치는 것은
물러서지 않는 전사

잉어의 본능적인 저항이 전신에 전해올
짜릿한 흥분 때문만은 아니다

돌아올 수 없는 강
그 부질없이 흐르는 세월을 낚는 게 아니다
커피의 진한 색깔로 풀어지는
뻐꾸기 울음소리 혀끝에서 느끼며
어설픈 첫사랑의 입맞춤이나 건지려는 것도 아니다

낚싯줄에 묶인 찌처럼 중년의 세월도 묶어 놓고
까딱거리는 찌 밑 한강의
명멸하는 세계에 침잠한다

2

나를 버리고 싶었던 청춘 시절,
나와 일대일의 팽팽했던 그 긴장을
다시 느껴보고 싶었던 것이다

휘몰아치는 태풍 속에 낑겨서

가시거리 알 수 없는 안개 속에 갇혀
한 치 앞날이 무서웠던 청춘,
후미진 여관방 창호지에 뚫린 구멍 사이
한줄기 먼지로 오는 햇살이
밤새 조간신문처럼 구겨진
나의 육신을 발가벗겨 버릴 때,

-그 시절 우리는
안개의 미세한 입자보다 가벼웠다
손가락으로 문지르면 지워질 미세먼지 같은 존재였다

잠실대교 계엄군 검문소
일단정지선 앞에서 죄도 없이 죄지은
쫓기는 자의 옥죄어 오는 긴장감과
모골이 송연하게 저려오는 순간을 즐기고 싶었는지 모른다

결코 무릎을 꿇지 않았던
그때만은 살아 있었으니까
살기 위해 살았더라도
사는 것같이 살았던 청춘은 아름답다

3

흐르지 않는 강을 거역하며
잠들지 않는 강을 찾아 피 흘리며 헤쳐와
때늦은 산란을 마친 상처투성이,
이제는 식욕마저 잃어버린
잉어의 가는 입질이 애틋하다

언젠가
숨죽이며 수군거리는 저 별들마저
맥없이 쏟아지는 밤이 오고 말 것이다
살아있는 것들이
숨을 쉬지 않는 강을 보게 될 것이다

그날이 오기 전에
五月의 이른 열대야를 뒤로한 채
낚싯대 서둘러 챙겨
잠들어 가는 강을 벗어나야겠다

섬진강 물두꺼비

고려 때 왜구의 간담 서늘케 했다던
물두꺼비 떼 울음소리
그래서 두꺼비 섬, 섬진강이라는디
강은 그런 전설만 흐르는 게 아녀
이 땅에 독을 품고 죽은 두꺼비가 한둘인가
강은 팔공산 천상데미 맑은 샘물
반짝이는 햇살로만 흐르는 게 아녀
모래가람 오목조목 갱조개 같은
보성강 가로 시집온 하동마을 악양댁,
북풍 휘몰아치는 피아골 어느 기슭에서
남부군과 토벌군으로 만났을
지아비와 시아제의 피눈물과 함께
쑥대머리 그들 엄니 삭아버린 속적삼에
싸서 버린 한숨도 흐를 것이여
애비 에미 부르다 자지러진
그들의 피고름 거름 삼아 맹독으로 피어났을
노고단 철쭉 핏빛 그리움
그 독성도 빗물에 녹아 흐를 것이여
전라도 땅 이 구석 저 구석
황톳길 밟고 밟아 시린 초승달도

동편제 시김새 한시런 가락도
눈꽃 녹여 꽃눈 틔운 매화 나목의 흰 서슬
그 꽃눈개비 이파리도 함께 흐르는 거여
바다는 까치너울로 그 아픔 떠밀며 막아쌓지만
끝내 모든 걸 허락하는 바다에 닿을 때꺼정
눈보다 흰 새끼 은어 떼 벗 삼아
바다로 가자는 것이여
남해, 엄니처럼 따순 품에서
어린 형제로 만나 끌어안고 싶었던 것이여

산 1

산은 항상 거기에
북한산 사모바위처럼 그렇게 놓여있는 게 아니다
묵묵히 침묵하고 있는 게 아니다

칼바람 눈보라 속에서도
감춰둔 열기로 복수초 피우고
갈참나무에 새 움 트게 했느니
그래서 산 아래 것들 따라 피게 했느니

둘로 갈라져 얼어붙은 땅에서도
한라에서 시작하여 지리산으로
지뢰밭 지나 백두까지
산 아래 것들 보란 듯이
진달래꽃 피워 올라가게 했느니

이 땅 오욕의 빗물 가둬
태백산제 초헌관의 5천년 숨결로 정화하여
한반도 이 골짝 저 골짝
새 물 뿜어 흐르게 했느니

보라, 이 땅에서 산은
한시도 해야 할 일 포기한 적 없다
호강에 겨워 등 따숩게 누워 본 적 없다

산 2

무심코 우리가 오르는 곳은 산의 정면이다
산은 언제나 그렇게 머리 꼿꼿이 쳐들고
몰아치는 칼바람 정면으로 맞았느니
잿등성이 내놓았다고
뒤를 허락한 것이라고 생각지 말라

2월의 흰 고깔 고고한 봉우리
지친 몸 정상에 다 왔노라 드러눕지 말라
산 넘어 산 아니던가
산은 쉽게 맨 끝을 보여주지 않느니
신발 끈 함부로 풀어놓지 말라

아직은 너의 정갈스런 땀방울 닦지도 말라
너도 없이 나도 없이 가야 할 이 땅의
백두대간 등줄기 진달래 꽃길 따라
태백산 신단수까지 수천 리인데

부러진 날개

보릿고개 서러운 봄에 태어나
진달래꽃만 먹어 서럽단다.

사랑으로 사랑하라던 오월도,
화순 너릿재 장성 갈재 풀섶 가장자리
핏빛 그리움마저도

5월은 끝내 서툰 사랑으로 남았구나
저물어 가는 영산강 350리 흘러 흘러
사라져가는 붉은 꽃잎마저도

두고 갈 게 없어 서러운 애비 에미
중머리재 장불재 풀섶 가장자리
규봉암 풀벌레 우는 소리로만 남았구나

보릿고개 서러운 봄에 태어나
이름 없는 새들의 날갯짓,
뜨거운 가슴으로만 남았구나

하늘색 도보다리

산목련이 춘곤증에 빠진 바람을 흔들흔들 깨운다
꽃향기 머금은 노랑나비도
잠에 취한 바람을 살랑살랑 깨운다

봄이 간절한 이들에게만
태양의 빛깔로 데워진 바람은 축복이다
봄을 탐하는 이들에게만
꽃잎을 더듬고 오는 바람결에 황홀하다

햇살도 숨죽이는 널문리 주막
푸른 색깔 널빤지다리에는
박새와 지빠귀 소리가 온통 진하늘색으로
찻잔에 녹는다
찻잔에 녹는다

남쪽에서 불어오는 명지바람 타고 온
아카시아꽃 향기도
비무장지대 묵은 습지 물비린내까지

찻잔 속에는 은밀한 사랑이

깊어진 한숨 속에
목메인 숨결로 가볍게 떨리고

봄은 절망의 강 앞에서
그대 이름 부르는 소리로는 오지 않는지

그윽하게 주고받는 눈빛으로
아무도 모르게 뜨겁게 끌어안고 오나 보다

촛대바위 갈매기

벼랑 끝에
말라비틀어진 연보라 해국 둥지 하나 틀고
한반도 제일 먼저 솟는 태양을 맞아
그 햇살에 눈부셔 가장 먼저
눈을 뜨는 괭이갈매기

캄차카반도 눈보라 몰아쳐도
일본 열도 비바람 닥칠 때에도
촛대바위 날선 꼭대기에 앉아
흰 갈기 세워 부릅뜬 눈

찬바람에 시린 눈물 촛농처럼 흘러내려
더 단단해진 촛대 하나 보았느냐

본토를 향해 가는 너울에
들려오는 육지의 시비是非 소리는 포말로 뭉개며
가끔은 북쪽에서 흘러온 임자 없는 목선에
몇 대를 이어온 명줄 맡겨 가며
한라에서 백두까지 날고 싶은 독도 파수꾼

파수꾼으로 그곳에 뼈를 묻어야 하는
그지없는 의미 하나 있음을 알겠느냐

반도가 하나 되어
꿈꾸는 고향이 하나 있음을

교동도 앞바다

카라디오 잡음에 섞인
이산가족의 울음소리 얼어붙은
설날 아침, 결빙의 검은 강바닥
강물은 흘러도 흐르지 못한다

두고 온 고향이 영롱한 별빛이라면
서울에 불시착한 가장家長,
삶의 무게만큼 그 중력으로 낙하하여
잘 닦아진 구두 한 켤레로 남아있는
한강대교 밑에서도
쏟아져 내린 별빛을 데리고 강물은 흐를 수가 없다

이제 검은 강물은
시간과 함께 거꾸로 흘러
증기 기관차의 비명 같은 기적소리가 줄달음질친다
순간 굉음과 함께 한강 인도교는
소용돌이치는 비명으로 가라앉는다
영문도 모르고 채
푸른 강물 위에 흩어지는 하얀 꽃잎들

때 늦은 노들섬 진혼제로
그 억울한 영혼들 건져도 보지만
가슴 가슴팍마다
녹슨 파편 조각 하나씩 뽑아도 보지만
강물은 검게 멍든 자리에서 흐를 수 없구나

억울한 영혼들아
이제 그만 너희 눈물 보태어
흐르고 흘러 하구로 가자

임진강,
아호비령 줄기에서 뿜어낸 물줄기
휴전선 철조망에 여기저기 찢기고
목함지뢰에 발목도 잘리고
뿍뿍 기어서 기어서
기어이 한탄강 작은 여울을 안고
한강과 뜨겁게 포옹하지 않느냐

박연폭포도, 송악산 자하동 계곡도 서러운
핏발선 동토 거쳐

성엣장으로 울멍울멍 흘러온 예성강도
마침내 한강과 은밀히 몸을 섞지 않느냐

다른 색깔로 흘러온 강은 서로 섞여
하늘과 바다가 진보랏빛 노을로
온통 한 빛깔이 되고
교동도 앞바다는 푸지게 되살아나지 않느냐

억울한 영혼들아 이제 가자
세상 가장 낮은 곳에서 파도보다 먼저
새 생명의 갯내음으로 맞아주는
서해 바다로 이제 가자

고성댁

꽃나비 시샘도 아닌데
어쩐 일인지 봄날에는 배가 아프다
산벚꽃은 한번의 바람에도
4월의 눈처럼 흩어져 날리고
늦바람이라도 났는지 속이 쓰리다
4월 한뎃바람에
손이 닿을 듯 해금강이 바라다보이는
고성 마을에 오얏꽃, 복사꽃도 어느새 지고
무슨 얼어 죽을 사랑이라고
불신의 미움 덩어리 보듬고 안아
고성댁 앙가슴에 푸른 멍으로 남은
금방 돌아오마던 그대여
오랜 그리움은 함박꽃 필 무렵
늦바람으로 피어나는지
접동새 울음에 후벼지는
새벽 속쓰림이 쉬 나을 성싶지 않다

밴댕이의 역습

끝도 갓도 없이 검은 태평양
비바람 소용돌이치는 파도에도
떼를 지어 이겨온 우리를 두고
제상祭床감도 못 된다고 비아냥거리지 마라

손바닥만 한 땅덩이서 티격태격
큰 나라 섬기며 간에 붙었다 쓸개에 붙었다
배알도 없는 주제에

손바닥만 한 땅덩이 이리저리 갈라서
사돈 논만 사도 배앓이하며
흠구덕으로 싸움질하며
날밤 보내는 주제에

살을 에는 심해 흩지 않고 떼를 지어
그 열기로 이겨온 한겨울,
새끼들 위해 인고의 살찌우는
우리가 만만한 것이냐

소갈머리 없는 너희 그물에 걸려 상한 자존심

차라리 급한 죽음으로 맞는 우리를
너희들 그 위선의 제상祭床에서
제물로 조상弔喪하려 들지 마라

평두메 바람꽃

키 큰 소나무에는 바람 불어야 제격이다
칼바람일 때도 있고
솔바람일 때도 있고

무등산 잔설 속
손톱만 한 바람꽃에는
바람도 따순 햇볕으로만 머물다 간다

눈 폭풍도 이기고 돌아온
이 세상 작은 풀꽃들에는
이젠 바람도 불 수 없나 보다

칼바람 견뎌온 키 큰 소나무 아래 언 땅

보아주지 않아도 향기로 피어나는
눈보다 흰 평두메 바람꽃
풀섶에 제일 먼저 새 길을 내고

따순 햇볕만이 머물다간 바람은
솔솔 머잖아 봄도 부를 것이다.

상처

얼굴에 난 여드름
만지고 만져 덧난 상처
청춘 시절 그리움 탓으로 돌리면 그만이다

주방에서 데이고 베이고
다쳐 난 상처
밥상의 웃음살로 아물면 그만이다

사랑으로 다친 상처
흉터 남기고 익어가는 것이 삶의 흔적인데

쐐기 지나가 구멍 숭숭 난 흉터와 함께
붉게 물들어가는 감나무 단풍잎이
매끈한 잎사귀보다 좋아 보이듯이

누군가에게 마음 주고
툭 터진 상처, 흉터로 남아 아름답다

3부

그대가 있던 그 자리

백운대의 봄

봄날 산길은
막 잠에서 깬 아기처럼
해맑은 이파리로 아침마다 피어난다

한 발 한 발 숨찬 걸음마다
생신한 것들과 마주하는 나는
오롯이 산과 하나 된 한 마리 무당벌레

아가의 살결만큼이나 보드라운 연둣빛 속에서
나는 비로소 무구無垢한 자유에 침잠한다

눈과 귀가 보고 듣고 싶은 것들만 허락한
연녹색 떨림의 세계는
낡은 꿈들 풍장風葬하기에 좋다

이윽고 나는 백운대 정상에 앉아 세상을 품고 있다

아, 세상은 늘 저렇구나

어느덧 절정의 순간도 잠시

두고 가기 아까운 것들
훅 산벚꽃잎과 함께 가볍게 산화하고

내리막길이 도시와 가까워질수록
빌딩 숲 사이로 새 나오는 노을빛과 함께
나의 발걸음도 기어이 바빠진다

어느 여름 북한산

여름 산에서는 느닷없이 소낙비를 만나도 좋다
골짜기 물은 울컥울컥 울음소리로 떠나는가
차마 인연의 끈 놓지 못한 듯
작별 인사처럼 잎새에서 후드득후드득 요란하다

정상으로 가는 길 앞에서 입산 금지령이 내리고
산은 골짜기에 쏟아지는 물을 데리고
이제 그만 도시로 내려가라 한다

나무가 머금은 물비린내와
오뉴월 뜨거운 열기에 쥐어짜진
땀 누린내 뒤섞인 한증막 속에 숨이 막힌다

두려움에 등 떠밀려 뒤돌아보지 못하고
도시로 가는 길목에서 그러나
어쩌다 불어오는 한 줄기 바람에
나는 어느새 탁한 도시, 내 안에 품고 있다

북한산은
오욕汚辱의 도시, 서울을 허락하지 않는

적막한 산이 아니다

너와 나의 치열에 찌든 도시
등에 짊어진 군상들
바람결에 떠도는 흉흉한 소문들 내려놓고
빗물로 정화된 산을 데리고 내려오므로

비가 그친 삽상한 오후
도시는 다시 활기를 찾는다

가을로 가는 산길

가을 산은 주인이 없는 게 아니다
그러니 이른 아침 남의 집 방문하듯
조심조심 오를 일이다

바람도 숨죽이며 가람伽藍으로 가는 길
문수사 풍경소리 귓등으로 듣고서
길섶에서 뒹구는 도토리 하나
무심히 밟고 가선 안 될 일이다

문수보살 햇살 공양에 살진 가을 입에 물고
빛바랜 단청 색깔 가을을 지나는
다람쥐도 청솔모도 분주한 하루

제 것 다 내주고
해마다 옷을 벗는 상수리나무는
더는 내줄 것 없어 벌거벗은 몸 감추려
자신을 땅에 묻었다는 지장보살

오늘도 박새란 놈 부처님 머리에 앉아
보시인 양 황금 똥을 싸제쳐도

겨우살이 준비로 걸음걸이 바쁜 스님

바람도 숨죽이며 두고 가는 가을,
가을 산은 어디나 도량道場이다

상고대 핀 산길에서

꽃 진 자리마다
열매 맺힌 자리에도
아물지 못한 아픈 상처
상고대 서리서리 시린 꽃으로 피어난 듯

삐끗하고 미끄러지고
또 넘어지고

이윽고 정상에 오르니
아득히 먼 하늘에서 희끗희끗
상고대 핀 자리마다
깊은 상처 감싸주는 따뜻한 목화송이

기대의 무너짐으로 상처만 입고 남은 꿈들
고사목 가지가지에 오롯이 내려놓고

하얀 발자국 남기며 내려가는 길목에서
주목 나무 태곳적 알몸 그대로
나는 비로소 산과 하나가 된다

-생각을 비우지 않으면
삐끗하고 미끄러지고 또 넘어진다

땀으로 젖은 머리 들어
차고 깨끗한 바람에 말리며 바라보니
어느덧 솜이불 깔아놓은 듯
태곳적 세상은 햇살로 눈부시다

꽃샘추위

3월을 시샘하는 눈발 희끗거리는 새벽
청춘의 뱀 한 마리 나를 깨우러 오고
베갯잇 속에는 꾸다 만 온갖 꿈들이 꿈틀거린다
왼편 가슴이 이루지 못한 꿈으로 먹먹해지면
진한 회한의 편린들은 몸을 뒤집어
오른편 가슴에 선뜩선뜩 와서 박힌다
지나온 길녘은 허물을 벗고
뜨겁게 흘러왔다 상처 입은 뱀처럼
기억보다 빠르게 새벽안개 속으로 사라지고
뇌세포 몇은 죽어
망각의 늪에서 욕망으로 살아났는지
아랫도리만 새삼 뜨거워진다
난청의 귀에서 우는 구렁이 울음소리
그 혓바닥에 대하여
그리고 허무했던 기억에 대하여
눈발 날리듯 손 흔들어 쉬 헤어질 수 있는가
3월을 시샘하는 눈발 희끗거리는 새벽,
흠뻑 젖은 머리에 불면의 또아리를 트는 건
짧은 2월의 여운,
아직도 놓지 못하는 징그러운 미련 하나

2월

바람 끝이 아직은 차가운데
차를 탈 때마다 세차하고 싶어진다

정월 초하루 지나 여태껏 남은 미련
웅크린 시간들도 꺼내어 털고 말리고 싶어진다

복수초보다 한 발 먼저
달달한 햇살 맞으러 가야겠다는 생각에
긴장되는 날
동트기 전부터 온몸이 근질근질하다

떠나지 못하고 머물러있었던 결빙의 강이
이제야 듬성듬성 흘러가는 성엣장
서서히 물안개에 지워지는 배경에서

따뜻한 커피 한 잔이 몹시 그리워지는 날

어느덧 봄인가 보다

매화 축제

때가 되면 저절로 오는 것이 봄이고
때맞춰 피는 게 꽃이라면
아무 생각 없이 웃으며 지나쳐도 좋다

비바람 피해가며 피는 꽃이 어디 있으랴마는
상고대 녹은 자리에 눈꽃으로 피고
눈꽃 진 자리에서 가장 먼저 일어서는
시퍼런 서슬

갈 곳이 정해진 꽃바람 속에
진눈깨비 막아서며 앞장을 선다는 게 어디 쉬운 일인가

섬진강 매화 그늘에서
함박눈과 함께 흩날리는 꽃잎 따라
성엣장 거슬러 오르는 은어 떼 멀어지는 소리
그대 들리지 않는가

매미는 눈물이 있는가

땅속 벌레가 벗은 7년 생애의 허물이
길어야 스무 날 살 매미의 몸보다 가볍다니

그래서 누군가 보듬고 울고 싶었던 것이다

스무 날 삶의 무게가
7년 어둠의 생애보다 무거워 우는 것이다

메타세콰이어 우듬지에는 못 오르고
머잖아 귀뚜라미 소리에 얹혀 노을빛으로 익어갈
벚나무 둥치 보듬고 우는 까닭은

해마다 웃음소리로 피어나는
벚꽃나무 껍질 속 부드러운 살결에다 삶의 흔적 남기고
짧은 스무 날이 그래서 가장 행복했노라
소리 소리치는 것이다

허물을 벗으면서 죽을 날이 머잖다는 걸 아는 매미는
소리 내어 울어대지만
흘릴 눈물도 없어 소리 소리치는 것이다

억새 울음

단풍을 만나기도 전에
사랑하는 이를 생각하며 문득 달아올라
상기된 얼굴로
단풍나무 아래 서있지 말라

한여름 내내 태양처럼 강렬하게 사랑하여
헤어지는 아픔이 상처로 남아
기꺼이 나를 던지기 전
더욱 붉어진 단풍잎 하나하나

금방이라도 쓰러질 듯
서걱거리던 억새 울음소리는
조용한 바람이 되어 입술을 깨무는데

오로지 삶의 이유였던 사랑,
한 잎 한 잎마다 지울 수 없이 붉어진 사연
아무 생각 없이 밟고 가지 말라
옷깃을 여미고 가만가만 걸어가라

가을이 심란하다

어제처럼 준비 없이 맞는 이 가을을
낙엽이 실어 나르는 소슬바람 내 안에 드는데
아무 일 없는 듯 넘길 수 있을까
거울처럼 투명해진 하늘을
가으내 아무렇지 않게 올려다볼 수 있을지
가을은 늘 불편하다
어느덧 매미 소리는 풀벌레 소리로 잦아들고
한여름 치열한 대결을 거둔 들판에 서서
한 가닥도 버릴 수 없는 가실볕에
벼나 수수나 강아지풀은 마침내 여물어
낮게 낮게 고개 숙이는 경건함을
나의 현실로 받아들일 수 있을까
머잖아 마지막 한 잎마저 벗어던질 나목은 지천인데
아무 일 없는 듯 더불어 지날 수 있을지
새의 속깃털처럼 소슬바람 따라
언제든지 떠나갈 수 있도록 나 또한
마음 깊은 곳, 무거운 것들 다 비워낼 수 있을까
아침 이슬 몇 모금으로 다시 살아나는
희디흰 구절초처럼 초연하게 이겨낼 수 있을지
가을은 왠지 심란하다

홍시

아무리 덜된 청춘이라고
아랫목 질항아리 속에서 우려지는
땡감이고 싶지는 않다

비바람도 맞아가며
한여름 땡볕에 태양처럼
붉게 익어가고 싶다

아들의 입시 전날
감나무 아래 정화수 곱게 놓고
백팔배도 더 하신 어머니

사랑은 붉게 물들어
아가의 묽은 똥물처럼 짓물러 흐를 때까지
가지 끝에서 까치밥 하나로 남고 싶다

늦단풍

툭 던지며 떠나는 순간을 위하여
자신을 살찌운 나무는

가야 할 때를 안 그때부터
나무는 더 뜨겁게 불탔지만

제 몸의 무게로 자신을 던지고자
그때를 기다리며 붉게 붉게 불탔지만

차마 버리지 못하는 그리움 몇
화살나무 가지초리에 떨리는 입술로 남아

늦사랑 신열로 달궈진 다홍 치맛단
데워진 얼굴로 끝내 풀어 던진다

겨울 나무 하나

눈 내리는 소리라도 들리는 듯
산도 들도 온통 숨죽이는
함박눈 세상

누비 털모자 목도리 하고
길 떠나는 스님의 뒷모습처럼
겨울나무 하나

땅에 와 뿌리 내려
빌린 것들, 받은 것들, 얻은 것들
어느새 다 내주고도
빈가지 하나하나 눈꽃 피우려네

사람들의 눈물만큼이나 따뜻한
함박눈 내리면
쌓이고 쌓이는 그리움 어디 두고
백지로 산다는 게 쉬운 일인가
지우고 간다는 게 어디 그게 쉬운 일인가

어느 봄날

눈꽃 진 눈물 자국 촉촉한 자리에
무슨 꽃 피우려나
빈 가지마다 끝내 눈꽃 피우려네

그대가 있던 그 자리

세월의 바람이 할퀴고 간 자리에
지울 수 없는 흔적
아득한 그 자리에 가지는 말자

마음 한구석 미련만 남아
그대 있는 곳으로 부는 소슬바람에
갈대는 자꾸 흔들릴지라도

만지면 부서져버리는 그리움
손이 닿을 듯 닿지 않는 그 한 곳이어야
아스라한 별 하나로 남는다

그대가 있던 그 자리
언제든 다가갈 수 있는 그곳일지라도
그 한 곳 남겨 놔야
담고 살아갈 새벽별 하나 있다

첫눈의 약속

첫눈 오는 날
눈을 따라 가슴은 춤을 추는데
오지 않는 사람을
하염없이 기다려 본 사람은 안다

불면의 약속도 때론
땅에 내리기가 무섭게 흙이 되는 눈송이
젖은 낙엽과 함께 뒹구는 함박눈처럼
허망한 것임을

깃털처럼 가벼운 약속
기도하듯 두 손을 받쳐도 보지만
바람에 흩날리는 기약 없는 기다림으로
흔적도 없이 사라진다는 것을

첫눈 오는 날
아직도 유효한 희디흰 그리움 하나 있어
기다림에 익숙해진 사람은
그로부터 긴 겨울이 시작됨을 안다

은행나무 사랑

사랑을 나눌 수가 없다

가까이 다가가
보듬고 쓰다듬고 할 수 없어
속이 까맣게 탄 푸른 수나무는
하염없이 바람결에 정충精蟲*을 실어 보내고

한 자리에 붙박여
기다림만이 사랑으로 알아
수백 년도 만나지 못하는 암나무의
까맣게 타는 앙가슴은 노랗게 노랗게 피어나고

그러나 그 속은 알 수 없는 일이다
저 아래 뿌리 발가락 꼼지락거리며
서로를 향해 기어가
만지고 쓰다듬고 했는지
그럴 때마다 바람결에 정충을 주고받았는지

은행 알 비켜 걷다
문득 일어나는 의혹의 냄새는

금빛 추억으로 마지막 한 잎까지 떨구는
가으내 떠날 줄 모른다

*정충精蟲 ; 은행나무는 나자식물로 수나무 꽃의 포자수에서 나온 정충은 꼬리가 달려있으며 스스로 이동하여 암나무 꽃 배주에 닿으면 수정이 되고 열매가 열리는 가장 원시적인 식물이다.

가을은 간다

눈부신 그날의 기억을 버리기엔
애기단풍의 때깔 고운 아픔은
뒹구는 은행잎의 슬픈 웃음은

아스팔트 차디찬 빗물에 젖어
빗자루에 쓸릴 수는 없었는지 몰라

낙엽이라 불리기엔 빛났던 그날이 아쉬워
누군가 책갈피에 엽서처럼 간직되는
속병 같은 사랑 하나 남기고

소슬바람은 기어이 부스럭거리는 소리로
기약도 없이 가을을 떠나는지 몰라

4부

내가 사랑하는 사람과 세상

갈매기의 역비행

벼랑은 뭍의 끝이 아니라 바다의 시작이기 때문이었다

비바람 몰아치는 벼랑 끝
돌채송화 뿌리내린 틈새 골라 둥지를 틀고
바닷바람 정면으로 버티며 이겨왔다

쪽빛 하늘과 하나인 바다는 모름지기 타고난 운명이었다

섬과 섬들 사이에서
태풍은 늑대 울음소리로 메아리치고
거대한 파도의 회오리에 가슴은 피멍이 들어도

스티로폼 부표 조각에 한 가닥 명줄 남겨두고
한껏 높이 날아올라
어부보다 먼저 물고기 떼 찾아내던
그저 바다인 괭이갈매기,

그러나 언제부턴가
먹고 산다는 것이 싱겁디싱거워
청춘의 흰 깃털 구름 위에 남겨둔 채

새우 양식장이나 기웃거리는 갈매기는
더 이상 바다가 아니다

새우 향료 새우깡에 묵은 속쓰림 도져
항구의 온갖 비린내에 밤새 신물까지 토해내고도

입맛부터 인간에 길들여진
자유로부터의 도피,
그것은 풍요한 바다에서 시작되었다

청춘의 흰 깃 하나로
가장 멀리 가장 높이 날고 싶었던
조나단의 역비행은

시간의 바람

살아있는 것들에게 행복의 총량은 같다
시간은 공평하지 않지만
살아 있는 것들에게 시간은 같이 흐른다

벌 나비 떼 영화로운 꽃에게도
저물녘 물안개 자욱한 강가
길 떠나는 철새들에게도

석양 하나 등에 지고
길어진 자신만의 그림자를 밟고
허정거리는 노인에게도

언젠가 시간의 바람이 잠든 고독의 끝자락에서

살아 있는 모든 것들에
시간은 공평하지 못하지만
만나는 곳이 같다는 것은 다행한 일이다

고추밭에서

손톱만 한 희디흰 꽃들이
바람 잔 별빛 속에서
가을 익어가듯 여물어 매워졌겠는가

지지대 끝자락이
고추잠자리 날갯짓에 붉디붉어졌겠는가

장맛비에 온몸 짓무르고
광기 어린 태풍에 허리마저 꺾어져도

땡볕에 데인 자국 아물리고
어느 불벼락에 난 생채기도 이기려고
안으로 안으로 매몰차졌을 거다

붉게 붉게 알알해졌을 거다

제비

벗겨진 전깃줄에 속절없이 죽어 나가도
제비는 땅을 밟지 않는다

아무리 허기가 져도
날개 없는 것들의 뒤를
앉아 있는 것들의 뒤를 공격하지 않는다

새끼들로 비좁아진 단칸방에 들지 못해
전깃줄에서 쭈그리고 빗속의 밤을 보낸 아비제비는
장맛비에 날벌레 하나 찾지 못해도
사람들의 곡식에 입을 대지 않는다

해마다 찔레꽃이 필 무렵
처마 밑에 새 널빤지 받쳐주던
그 집 사내 그리워 찾아오던 고향인데

사람 보고 집 짓는다는 제비는
이젠 조롱박씨 하나 물어다 줄
잔정 많던 그 집, 사내다운 사내가
어디에도 없었던 것일까

나뭇잎 자락 자락에
맺힌 이슬 마셔가며 길 떠나
이듬해 하얀 찔레꽃으로 돌아왔던 그들,

언제부턴가 그들이 돌아오지 않는다

참새의 꿈

참새구이 포장마차 옆 화단에서 놀던
그 많던 참새들이 어디로 갔을까

구구구구 소리에
포로롱 날아들어 좁쌀 모이 훔쳐 먹다
암탉의 서슬에 줄행랑치던 참새가슴
그놈들이 안 보인다

까치밥에 입을 대다
까치에게 혼비백산 쫓겨
삼태기 밑 좁쌀에 넋을 잃다가도
굄대에서 함정을 알아채는
그놈들이 안 보인다

어설픈 허수아비 대가리는 오히려
쫓기는 하루의 쉼터인데
후여후여 쫓는 소리 황금빛 바람에 날리는
텃논도 허수아비도 없어
참새는 외로웠던 것일까

슬레이트 지붕 석면 가루에 쫓긴
비쩍 마른 참새 가족
추녀 속 보금자리 하나 없어
겨울비 피해 찾아든 아파트 난간,
한뎃잠 자리 겨우 피한 참새는
사람의 온기가 그리웠던 것일까

천년 은행나무

동안거 젊은 수도승 새벽 예불 소리에다
중양절 구절초 새잎 띄워
새벽이슬로 달이고 달여 마셔 저리도 푸른 걸까
살아 있는 황금 아미타불상,
천년 은행나무 우듬지 쳐다보지도 못하고
숨죽인 바람처럼 묵묵히 지나면
고작 80생애
황금색만 좇다 희어진 중생들 꾸짖는
범종 소리 풍경風磬에 담아
동자승 손바닥 같은 황금색 잎사귀로 가만히 내미는
천년 묵언수행
용문사 큰스님

바람꽃

쭈그려 앉아
찬찬히 들여다보기 전에는
눈에 들어오지도 않았는데
눈에 차지도 않았는데

너의 이름 알고 나니
손톱만 한 너,
하염없이 눈에 밟히는구나

잔설 덮인 풀섶
하얀 바람으로 숨어 있다
이제는 소시락대는 소리로 나를 찾아오는구나

네가 오니 그제사
봄바람 뒤를 따라오는구나

뻐꾸기

청춘은 사랑이 깊지 않아
그리움만 커지는 것일까

비 개인 학교 뒷동산
수업 종소리는 무거워진 눈꺼풀에 아련히 쌓이고
아카시아 숲속 어디선가 울어대던 뻐꾸기

엄니의 등처럼 편안했던 고목에 기대어
잎새마다 매달린 빗방울에
눈부신 햇살, 실눈을 뜨고
이 나무 저 나무 찾아다니게 했던
바로 그 소리

나뭇잎 햇살 사이로 언뜻언뜻 보이는 그놈은
아카시아 향기가 되고
눈이 부신 꿈이 되어
온통 숲속을 축복으로 가득하게 했지

그때부터 그놈을 찾으러
소맷귀 걷어 올리고 선걸음으로 교문을 나서

실눈을 뜨고 귀를 기울여 보며
이 골짝 저 거리를 찾아 헤매었을 거야

그러나 여태 벗어나지 못한 회탁의 도시
안산 자락길 무악재에서
아카시아 숲속 향기 묻어나던
바로 그 뻐꾸기 소리

너무도 가까이에서 들리는 거야
아직은 청춘이라 그리움이 남아 있었던 것일까
그리움은 걷어붙인
소맷귀 가까이 있었던 것일까

이 나무에서 저 나무로
환영이나 하듯 곡예비행하는 뻐꾸기,
반가움에 두리번거리며
센 머리칼 쓸어 올려 바라보지만

자기를 들여다볼 줄 아는 이에게만 보이는지
어느새 뻐꾸기 소리는

해거름과 함께 잦아지고
아카시아 시든 꽃잎은 하롱하롱 흩어지고
우수수 우수수 날리고 하는 거야

잡초 단상斷想

몇 해 동안 꽃도 피우지 못한 치자꽃 화분에
풀씨 하나 싹을 틔웁니다
흙을 움켜쥔 힘이 어찌나 센지
풀뿌리 솎지 못하고 그냥 두었더니
아가의 새끼손톱만 한 잎이
어느새 화분에 가득해졌습니다
나는 오직 치자꽃만 바라고 물을 주었는데
어느 날 더부살이 잡초가
보란듯이 노란 꽃을 피웁니다
이것은
화초인가 잡초인가
눈길 주지 않았어도 물을 주었으니
내심 기르기 시작한 것이겠지만
치자만큼 애 돌보듯 하지 않았어도
묵묵히 제 할 일 다하니
잡초인 것이 분명합니다
나는 눈길 몇 번 주지 않았던 미안한 마음에
'괭이밥' 이름을 찾아
이름표 하나 만들어 주었습니다

파스를 붙이며

등이 아프다
담이 온 모양이다
내 몸에는 볼 수도 만질 수도 없는
나만의 은밀한 성역이 있다

파스를 붙이며
나의 등을 들여다봤을 아내
파스 하나 붙이지 못하는 나만의 성역에서
남편의 감춰진 배면을 알아버렸을까

세월이 두려워 결린 등짝을 들킨 듯
식은땀이 흐른다

싸라기눈이 추적추적 내리는 날
가족의 등짝은 여전히 따숩기만 한데
새벽 베란다에서 담배 연기 깊게 마시던
아버지의 좁아 보였던 등에서도
이렇게 식은땀이 흘렀을까

신혼 어느 날

동트기 전 주방 후미진 곳에서
들썩이던 새댁 아내의 동그란 등에서는
받기만 했던 친정엄마의 밥상이
감춰둔 추회追悔와 그리움으로 저미어있었던 것일까

파스 하나로는 어차피 나을 수 없는
숨겨진 배면은 아직도 저리고 아프지만
그러나 나는 안심한다

나 아직도 아버지의 뒷모습을 연민하듯
세월에 쫓기는 가장의
등짝의 쓸쓸함을 알아채고도
지금껏 아내의 밥상에는
손 많이 가는 남편에의 연민이 남아있음에

내일로 가는 귀가

스산한 도시의 강바람 눈에 촉촉이 젖어
어둠을 밟고 어제처럼 집으로 간다

내일의 생각들을 하나씩 밟으며 가는
발걸음은 낡은 수레처럼 터덜거린다

성긴 별은 추억만큼이나 아득하여 눈에는
이제 막 둥지를 떠난 새가 되어 어른거린다

현관에 들어서는 헛기침 소리는 작아
강아지만 듣고 꼬리로 반긴다

현관 바닥엔 몸을 부비는 가족들,
오늘에야 큰애의 검정구두가 보이지 않는다

머잖아 막내의 손바닥만 한 신발도 보이지 않으리

어미의 눈가에 웃음을 주었던 순간들은
하나하나 짠한 눈물로 되돌아오고

차마 큰애의 칫솔 치우지 못했는지
어미의 칫솔 통엔 아직도 몸을 기댄 네 가족

머잖아 장승처럼 둘만 남으리

첫사랑의 시작은

또각또각 발자국 소리마다
가슴을 딛고 밀려오는 것은
난바다 한복판에서 시작되는 뜨거운 파도

알퐁스 도데의 목동 이야기가
이슬에 맺힌 눈동자로 눈길 마주쳐
마음 담은 눈 행여 들킬세라

귓등으로 듣는 음악은 커피잔에서 식어가고
안절부절못하는 내 안을 들여다본 담배 연기처럼
분위기에 겉도는 언어,
차가운 머리로는 예상치 못했던 사랑의 시작

유람선 여럿 띄우는 도시의 강江도
그 물길 거슬러 오르면
술잔 하나 띄울 작은 샘에서 시작되고

도시의 신작로
나비 한 마리 따라가면
고샅길 지나 산자락에 이르는데

그대를 향한 사랑의 연원은 어디인가

잠에서 덜 깬 눈으로
물안개 새벽을 여는 아침,
조약돌 쓰다듬고 흐르는 물소리에 젖어드는 그대의
잠에서 덜 깬 목소리

아가에게 빼앗기기

산길을 걷다가
찬찬히 들여다보아야 보이는 개별꽃에 시선 빼앗겨
이 세상 작은 것들에
흠뻑 젖어본 적이 있다

마음 구석구석까지 빼앗겨 본 적이 있는가
빼앗기지 않으면 얻을 수 없다

태어나 만나는 눈빛들이 좋았는지
웃으며 잠든 아가에게 시선 빼앗겨 넋을 잃었지만
가슴에서부터 차오르는 눈물처럼,

아가의 울음소리에 잠마저 잃었지만
아가의 웃음소리로 창밖에는
함박눈이 오지 않던가

이제는 내 안의 사랑이란 사랑
송두리째 빼앗길 차례

애기똥풀 꽃잎 만지며 좋아하는 아가야

너도 산길 가다 들꽃에 눈길 주는
그런 사람이면 좋겠다

쪼그려 앉아 카메라 갖다 대며
마냥 기뻐하는 그런 사람이면 더 좋겠다

파스를 떼며

파스를 붙인 자리가 가렵다
등짝의 결림은 쉬 나을 성싶지 않고
내 손이 닿지 못하는 배면의 성역을
연민하는 아내에게 맡겨도 보지만
그런다고 치유를 기대할 수는 없다
갈댓잎을 흔드는 바람만큼의 가벼움과
은밀히 잠입하는 속진俗塵의 비겁함과
위선의 장막으로 가려진 나의 배후 세계,
숨기고 싶은 상처들은 모두 등으로 가고
누구나 등 뒤에 나 하나 다르게 있다지만
유효기간이 지나 너덜해진 파스를 떼며
마침내 그를 용서할 이는
결국 자신임을 이제야 알겠네
내 가슴속 불치병이 등짝에 숨은 담이고
담이 곧 마음의 병임을
나와 다른 길을 걸었던 배면의 그가
소멸시효도 없이 결리고 아파하고 있음을
이제야 알겠네

■해설

소소한 일상사에 숨은 삶의 비밀을 견인하다

박 몽 구
(시인·문학평론가)

최근 시의 큰 흐름 가운데 하나는 거창한 소재보다 소소한 일상사를 다루는 데로 무게 중심이 옮겨가고 있다는 것이다. 1980년대 이후 우리 사회를 크게 요동치게 하던 거대 담론이 사라지고 미시적 담론이 전 국민적 관심사로 부각되어 가는 추세이다. 민주화를 위해 온 사회가 소용돌이에 휘말리고 노동 조건의 개선을 요구하는 목소리가 분출할 때마다 온 국민이 나서서 마치 내 일인 것처럼 아파하고 힘을 보탰던 기억이 생생하다. 하지만 사회적 여건의 급속한 변화와 함께, 거대 담론들이 많은 사람들의 공감대와 참여를 이끌어내기 어려운 시대가 되었다. 사회 민주화의 표면적인 진전과 함께, 이른바 이념을 같이하는 집단이라 하여도 비판의 시선이 외부 아닌 내부로 향해지는 일이 다반사가 되었다. 자기반성이 결여된 권력의 장기간 독점, 내부의 약자들에 대한 차별을 반대하는 움직임이 더욱 뚜렷하게 부각되고 있는 것이다. 최근 들어 지식인 사회에서 지속적으로 벌어지고 있는 미투운동, 동일 노동을 하고도 임금을 차별적으로 받는 비정규직 차별 철폐 운동 등을 이같이 변화되어가는 우리 사회의 모습을 잘 보여준다.

사물과 자연의 순환에서 사람살이를 읽다

박병성 시인의 첫 시집 『사라져간 붉은 꽃잎들』을 읽으면서, 그가 소소한 일상사에 각별하게 관심을 기울이고 있는 점들이 눈에 들어왔다. 그는 사회 민주화와 노동 조건 개선 등 거대 담론이 휩쓸던 1980년대 대학에서 청춘 시절을 보내면서, 우리 사회를 밝고 건강하게 만들어가는 데 관심을 갖고 살아온 사람이다. 이번 시집에 실릴 시들을 읽으면서 감지되는 것은 사회적 약자들을 따스한 눈으로 감싸고, 함께 잘 사는 대동세상을 향해 나아가는 데 힘을 보태고자 하는 건강한 시정신이다. 하지만 박병성은 그 같은 곧고 따스한 시정신을 큰 목소리를 실어 겉으로 드러내는 법 없이 소소한 일상사를 통해 구현해 내고 있다. 자신이 몸담고 있는 삶의 자리에 스며 있는 불합리한 일들을 투시하면서 그것들을 바로잡는데 필요한 마음가짐이며 실천적인 삶의 자세를 진솔하게 보여주고 있다.

우선 이번 시집에서 주목이 가는 것은 사물과 자연의 순환 형태를 면밀하게 관찰하면서, 그 가운데서 사람살이의 비밀을 읽어내는 일련의 시편들이다. 흔히 시에 자연을 끌어들이는 것은 정서 순화의 방편에 치우치기 쉽지만, 박병성은 그것들을 환유로 하여 사람살이의 바른길은 무엇인지 읽어내는 데 주력하고 있다. 그가 택하는 소재는 멀리 있지 않고, 시인의 주변에서 만난 소소한 것들이다.

꽃 진 자리마다
열매 맺힌 자리에도
아물지 못한 아픈 상처
상고대 서리서리 시린 꽃으로 피어난 듯

삐끗하고 미끄러지고
또 넘어지고

이윽고 정상에 오르니
아득히 먼 하늘에서 희끗희끗
상고대 핀 자리마다
깊은 상처 감싸주는 따뜻한 목화송이

기대의 무너짐으로 상처만 입고 남은 꿈들
고사목 가지가지에 오롯이 내려놓고

하얀 발자국 남기며 내려가는 길목에서
주목나무 태곳적 알몸 그대로

나는 비로소 산과 하나가 된다

생각을 비우지 않으면
삐끗하고 미끄러지고 또 넘어진다

땀으로 젖은 머리 들어
차고 깨끗한 바람에 말리며 바라보니
어느덧 솜이불 깔아놓은 듯
태곳적 세상은 햇살로 눈부시다

-「상고대 핀 산길에서」 전문

시인이 산행하면서 산 정상에서 만난 상고대를 소재로 한 작품이다. 주소재로 설정되어 있는 상고대는 늦가을부터 내린 서리가 나무나 풀 따위 물체에 들러붙어 언 것을 가리킨다. 수빙樹氷, 무빙霧氷이라고도 한다. 화려하게 뽐내던 꽃들이 지고 차가운 바람마저 몰아치고 있는 산정에 핀 서리가 얼어붙어 영롱하게 반짝이는 제재로 삼은 작품이다. 힘든 겨울 산행길에 만난 사물이지만 진기한 모습을 눈으로 보는 데 그치지 않고, 사람살이의 깊은 속내를 환유해 놓고 있는 시인의 눈이 범상치 않아 보인다. 화자는 첫 대목에 '꽃 진 자리마다/ 열매 맺힌 자리에도/ 아물지 못한 아픈 상처'라고 겨울 산정의 풍경을 묘사하고 있다. 이는 단순히 모든 것이 쇠락한 겨울 산의 모습을 넘어 인간다운 삶을 이루기 위하여 자신을 불살랐지만 끝내 상처만 안게 된 인간상을 환기한다. 모종의 지난한 헌신에도 불구하고 단단하게 꽃피거나 단단한 열매를 지키지 못한 채 상처만 안은 인간상을 환기한다. 이러한 알레고리는 온갖 고난을 마다하지 않으면서 권위주의 체제를 허물고 깨끗한 새벽을 열었지만, 요즈음 들어 더욱 퇴행해 버린 우리 사회의 모습을 환기하기도 한다.

하지만 다음에 이어지는 대목에 '이윽고 정상에 오르니/ 아득히 먼 하늘에서 희끗희끗/ 상고대 핀 자리다다/ 깊은 상처 감싸주는 따뜻한 목화송이'라는 상반되는 이미지를 제시함으로써, 견디기 힘든 시간을 온몸으로 견디며 낡은 체제를 깨부수고 깨끗한 새벽을 연 이들의 삶이 결코 헛되지 않다고 분명하게 말하고 있다. '상고대', '깊은 상처', '따뜻한 목화송이'라는 이미지의 연쇄를 통하여 낡은 것을 무너뜨리는 과정에서 묵묵히 껴안은 깊은 상처는 아픔으로 그치지 않고 따뜻한 목화송이로 개화한다고 힘주어 말하고 있다.

결구 부분에 '생각을 비우지 않으면/ 삐끗하고 미끄러지고 또 넘어진다// 땀으로 젖은 머리 들어/ 차고 깨끗한 바람에 말리며 바라보니/ 어느덧 솜이불 깔아놓은 듯/ … 눈부시다'라는 대목을 배치한 것도, 고난을 마다하지 않으며 어렵게 얻은 성취라 하더라도 비울 줄 알아야 한다는 것, '삐끗하고 미끄러지고 또 넘어'지는 고난의 시간이 다가오리란 것, 그 과정을 기꺼이 땀 흘리며 견뎌낼 때 눈부신 새벽은 밝는다는 것을 암시하고 있다.

시인이 일상에서 만나는 삶의 풍경을 심상하게 보아 넘

기지 않고, 그 가운데 숨은 삶의 비결을 읽어내는 안목이 돋보이는 작품이다. 그리고 이 같은 시적 사유는 이번 시집의 근간이 되고 있다.

땅속 벌레가 벗은 7년 생애의 허물이
길어야 스무 날 살 매미의 몸보다 가볍다니

그래서 누군가 보듬고 울고 싶었던 것이다

스무 날 삶의 무게가
7년 어둠의 생애보다 무거워 우는 것이다

메타세콰이어 우듬지에는 못 오르고
머잖아 귀뚜라미 소리에 얹혀 노을빛으로 익어갈
벚나무 둥치 보듬고 우는 까닭은

해마다 웃음소리로 피어나는
벚꽃나무 껍질 속 부드러운 살결에다 삶의 흔적 남기고
짧은 스무 날이 그래서 가장 행복했노라
소리 소리치는 것이다

허물을 벗으면서 죽을 날이 머잖다는 걸 아는 매미는
소리 내어 울어대지만
흘릴 눈물도 없어 소리 소리치는 것이다

-「매미는 눈물이 있는가」 전문

역시 우리네 삶 주변에서 흔하게 만날 수 있는 매미의 생을 제재로 삼은 작품이다. 화자는 첫 대목에 '땅속 벌레가 벗은 7년 생애의 허물이/ 길어야 스무 날 살 매미의 몸보다 가볍다'는 알레고리를 제시하고 있다. 매미를 둘러싼 지극히 간명한 시적 드라마를 통하여 사람살이의 비의를 긴장감 있게 함축하고 있다. 즉, '땅속 벌레 생애 7년'과 '스무 날 살이'라는 매미의 지극히 대조적인 생애 주기를 대비시키고 있다. 나아가 이는 매미의 생을 넘어 화려한 날들을 맞기 위하여 누군가는 온갖 신난을 마다하지 않으면서 열심히 살아가지만, 정작 그에게 주어진 달콤한 생의 시간은 지극히 짧다는 점을 환기한다. 화자는 그 같은 불균형스러운 생의 아이러니를 '스무 날 삶의 무게가/ 7년 어둠의 생애보다 무'겁다는 말로 함축하고 있다. 하지만 화자는 그같이 생을 불행으로 이기는 소아병적 사유의 틀에서 벗어나, 주어진 생에 감사하며 매 순간순간을 열심히 살아가야 한다고 넌지시 말해주고 있다. 그 같은 사유는 '해마다 웃음소리로 피어나는/ 벚꽃나무 껍질 속 부드러운 살결에다 삶의 흔적 남기고/ 짧은 스무 날이 그래서 가장 행복했노라/ 소리'친다는 대목으로 함축되어 있다. 비록 스무 날로 화려한 음악가의 생을 마감하지만, 가벼운 날갯짓으로 수분으로 인연을 맺어준 벚꽃나무 부드러운 살결이 되는 시적 드라마를 제시하고 있다. 결구를 통해 화자는 '허물을 벗으면서 죽을 날이 머잖다는 걸 아는 매미는/ 소리 내어 울어대지만/ 흘릴 눈물도 없어 소리'친다고 말하면서, 어느 순간이든 묵묵히 최선을 다해가는 것이야말로 값진 생이라는 사유로 확장시키고 있다.

우리를 에워싼 생태계를 새롭게 읽는다

눈을 뜨자마자
식사가 끝나자마자 집어 들었던 담배처럼
휴대폰을 찾는다

손가락 하나로 열리는
나 없어도 잘 돌아가는 세상,
폴더 속의 말과 글로 하루를 연다

길을 걸을 때나 밥을 먹을 때나
잠들기 전에도
나를 놓지 않았던 그 사람이, 마침내
그 자리에서 바뀐 것이다

자유를 너무 누려 신물 난 우리는
스스로 올가미 몇 개 만들어

살 맞대고 살아가는 군상들과
산과 강을
코끝을 간질이는 봄바람을
잊고 사는 것이다

빨간 우체통이 서있는 느티나무 그늘 아래
언제나 늦게 오는 버스를 기다리듯
그렇게 살 수는 없을까

나만의 자유를 위해 담배 하나쯤 버렸듯이
폴더에 갇힌 너와 나의 말없는 세계에서
홀연히 벗어날 수는 없을까

-「중독」 전문

오늘날 우리들의 삶을 거미줄처럼 옥죄고 있는 디지털 생태계를 제재로 삼은 시이다. 화자는 첫 대목에 '눈을 뜨자마자/ 식사가 끝나자마자 집어 들었던 담배처럼/ 휴대폰을 찾는다'라는 알레고리를 배치함으로써, '휴대폰'으로 제유된 디지털 생태계에 흡연 중독자처럼 강고하게 편입되어 있다는 인식을 드러낸다. '손가락 하나로 열리는/ 나 없어도 잘 돌아가는 세상', '길을 걸을 때나 밥을 먹을 때나/ 잠들기 전에도/ 나를 놓지 않았던 그 사람', '올가미' 등의 이미지는 화자를 포함한 범인들이 주체성을 잃은 채 종속되어 있음을 나타낸다. 이같이 우리들을 압박해 오는 디지털 생태계의 위력을 우리들은 대부분 모른 채 살아가기 마련이다. 하지만 화자를 겉으로 화려해 보이는 삶의 급속한 변화에 무작정 끌려가는 데 반대한다. 즉, '살 맞대고 살아가는 군상들과/ 산과 강을/ 코끝을 간질이는 봄바람을/ 잊고' 살지는 않는가 하고 반문을 던진다. '산과 강', '봄바람', '늦게 오는 버스' 등의 이미지는 비록 퀴퀴하고 느리고, 멀리 돌아가더라도 '살 맞대고 살아가'는 인간다움을 회복하는 것이 더욱 중요하다는 인식을 담아내고 있다. 나아가 화자는 '폴더에 갇힌 너와 나'라는 알레고리의 제시를 통하여 빠른 처리 속도와 화려한 외양을 자랑하는 홀연히 벗어나는 일이야말로 삶의 본적지를 되찾는 일이라고 힘주어 말한다.

키보드 뒤에 숨어
입가에 미소를 날리는 너의 엄지,
누군가의 불면의 눈물을 흐르게 한
차가운 웃음의 손가락은 비수다

시퍼렇게 날이 선 비수는
손가락이 내뱉는 막말이다
등불 뒤에 유령처럼 몸을 감추지만 결국
너의 지문으로 남는다

지문은 나만의 부드러운 곡선
세상 단 하나뿐인 아비 어미의 얼굴
함부로 여기저기 날리지 말라

아비 어미의 얼굴을 내걸고
손가락에 영혼을 담든지

-「엄지손가락」 부분

누구나 아물지 못한 상처 하나쯤 안고 살아가리

말에 베인 상처는 아물지 못한다

만지고 만지다
아픔은 진물이 되어 뼛속까지 스며들고
결국 고름은 살이 되지 못한다

어쩌면 나의 혓바닥도 흉기가 되어
누군가의 가슴 깊이
아물지 못하는 상처로 박혀있을지 모른다는
생각에

부끄러움 가려줄 나무 그늘 하나 없는 거리에서
한낮 햇살이 가슴팍에
화살촉으로 와서 박힌다

-「아물지 못한 상처」 전문

앞에 든 시는 속도에 기대어 사는 디지털 세대의 배려 없음과 불소통을 제재로 삼고 있다. 화자는 '키보드 뒤에 숨어/ 입가에 미소를 날리는 너의 엄지,/ 누군가의 불면의 눈물을 흐르게 한/ 차가운 웃음의 손가락은 비수다'라는 알레고리의 제시를 통하여, 실체를 드러내지 않은 채 키보드를 두드려 보이지 않는 상대를 비방하고 때로는 인격 살인에 이르는 디지털 생태계를 차갑게 투시하고 있다. 이에서 벗어나기 위해서는 '손가락이 내뱉는 막말'을 차가운 비수가 되는 걸 방치하지 말고, '코앞에 대놓'은 채 따스한 입김이 오가는 가운데 진심 어린 마음을 주고받으라고 권면하고 있다. 키보드로 열어젖힌 인터넷의 바다에 '유령처럼 몸을 감추지만 결국/ 지문으로 남'게 되므로. 디지털 생태계의 위력에 편승하지 말고 한마디의 말에도 따스한 영혼을 담는 노력이 필요하다는 것을 넌지시 일러주고 있다.

뒤에 든 작품 역시 최근 디지털 생태계를 교란시키고 있는 설화舌禍를 제재로 채택하고 있다. 화자는 '말에 베인 상처는 아물지 못한다// 만지고 만지다/ 아픔은 진물이 되어 뼛속까지 스며들고/ 결국 고름은 살이 되지 못한다'라는 경구를 제시함으로써, 심지어 얼굴마저 마주치지 않은 채 상대를 향해 퍼붓는 비방과 욕설이 우리네 아름다운 소통과 건강한 삶에 얼마나 깊은 '고름'이 되고 있는지 잘 환기해준다. '어쩌면 나의 혓바닥도 흉기가 되어/ 누군가의 가슴 깊이/ 아물지 못하는 상처로 박혀있을지 모른다'는 인식의 제시를 통하여, 우리 시대의 설화는 남의 일이 아니며 스스로 자신에게 깊은 상처를 안기는 일이라고 반성한다. 나아가 결구를 통해 '부끄러움 가려줄 나무 그늘 하나 없는 거리에서/ 한낮 햇살이 가슴팍에/ 화살촉으로 와서 박힌다'라고 밝힘으로써, '화살'로 상징되는 인격 살인에 이르는 깊은 상처를 치유할 사람은 남이 아니라 자신이라는 사유를 펼치고 있다. 시로서 자신을 해부하고 치유의 길을 열어가고 있는 메타시metapoetry이다.

고향의 상처를 함께 앓고 치유하다

이번 시집에서 주목되는 한 갈래는 시인의 고향 광주를 소재로 한 일련의 시편이다. 수구초심首丘初心이라는 말이 있지만 족히 40년 넘게 고향을 떠나 대처에 둥지를 든 채 살아가지만 시인의 가슴속에는 때로는 넉넉한 어머니 품 같은 때로는 아물지 않은 상처를 간신히 붕대로 감아 놓은 것 같은 고향의 모습이 실루엣으로 배어 있다.

> 결코 살기 띤 이리떼들이 무서웠던 게 아니었다
> 두개골이 깨어지고
> 총검에 찔리는 죽음보다 더 두려운 것은
> 무심코 뒤를 보이며 도망하는 것이었다
> 별빛이 화살촉처럼 날카로워 커튼을 내리고
> 거울 속의 나를 피해 불을 끈 채
> 내 속을 들여다본 떨리는 담배 연기
> 촛불 속에 녹아들 때까지
> 밤새 끙끙 앓다 짧은 꿈을 꾸었다
> 금남로 빌딩 옥상에서
> 그 악마를 밀어 죽이는 꿈을 꾸다
> 성당의 종소리 입에 물고 흩어지는 비둘기떼 소리에
> 소스라쳐 놀라 깬 그날의 아침,

바람벽에서 떨어져 햇살에 반짝이는
금간 십자가상, 그 질량에 의한
중력의 법칙을 애써 부인하며
하루 종일 신열로 끙끙 앓다
그와 예정에 없었던 이별을 고했다
잠재의식 속의 살인이 문제가 아니었다
죽인 그 악마를 용서하라는
사제에 대한 항거의 문제가 아니었다
5월의 풀꽃들이 이리떼에 짓이겨진
꽃봉오리 목이 잘려 뒹구는 비명의 거리에서
비명소리는 화살 되어 등에 와 박히는데
뒤돌아보지도 않고 뛰었던 뒤통수가
살아온 세월만큼 부끄러워,
예배당 후미진 어느 곳에서도
더 이상 그를 만날 수 없었다

-「어느 냉담자의 고해」 전문

5월의 그 바람 미처 느끼지도 못한 채
장불재 가는 길은
피고 지고 하는 피딱지 붉은 철쭉들

이윽고 꽃봉오리 터지는 통곡소리 밟아가며
비릿한 피냄새도 온몸으로 받으며
둘러보니 장불재
여기는 아직도 광장 같은 5월이구나

아, 5월의 꽃들은
눈물방울 핏방울 떨어진 그 자리에서
여태 다 떠나지 못하였구나

잎새에 꽂힌 햇살 털어 가며
살아 숨쉰 세월에 들지 못한 고개
가까스로 올려보니

주상절리는 솟대 되어 광장을 지키려는지
여위어가는 태양 들어 올리려는 서석대가
소맷자락 붙잡고 놓질 않는구나

-「5월, 장불재 광장」 부분

앞에 든 작품에서 시인은 40여 년 전 고향인 광주에서 벌어진 역사적 비극을 되돌아보고 있다. 자신을 안전하게 지켜줄 것이라 믿으며 총칼을 쥐어준 자들이, 되려 주인을 죽음의 나락으로 모는 비극 앞에서 제자리를 지키지 못한 화자의 부끄러움과 반성적 인식이 깊어 배어 있다. 화자는 '총검에 찔리는 죽음보다 더 두려운 것은/ 무심코 뒤를 보이며 도망하는 것이었다'라고 언술함으로써 이웃들이 죽음을 마다하지 않으며 국민을 버린 군대와 맞선 국면에서 함께하지 못했던 아픔을 드러내고 있다. 이어지는 대목에서 빗발치는 총구를 피하기 위해 '커튼을 내리고, 불을 끈 채, 내 속을 들여다보는 담배 연기를 삼키며 밤새 끙끙 앓았다'는 고해를 통하여, 광주의 비극이 얼마나 큰 것이었으며 이웃과 함께하지 못하는 슬픔이 얼마나 깊이 가슴을 파고들었는가를 환기하고 있다.

나아가 화자는 '금남로 빌딩 옥상에서/ 그 악마를 밀어 죽이는 꿈을 꾸다/ 성당의 종소리 입에 물고 흩어지는 비둘기 떼 소리에/ 소스라쳐 놀라 깬 그날의 아침,/ (중략) /하루종일 신열로 끙끙 앓다/ 그와 예정에 없었던 이별을 고했다/ 잠재의식 속의 살인이 문제가 아니었다/ 죽인 그 악마를 용서하라는/사제에 대한 항거의 문제가 아니었다'라는 알레고리의 제시를 통하여, 5.18의 진상이 안개에 묻혀 있고 여전히 묵은 역사적 과제가 청산되지 못하고 있는 현실을 직시하고 있다. '성당의 종소리를 물고 흩어지는 비둘기 떼', '잠재의식 속의 살인', '악마를 용서하라는 사제' 등의 비유를 통하여 우리 사회의 책임 있는 주체들이 묵은 과거의 청산을 잠재의식 속에 묻어두고만 있다는 인식을 드러낸다.

결구 부분에는 '5월의 풀꽃들이 이리떼에 짓이겨진/ 비명은 화살 되어 등에 와 박히는데/ 뒤돌아보지도 않고 뛰었던 뒤통수가/ 살아온 세월만큼 부끄러워,/ 예배당 후미진 어느 곳에서도/ 더 이상 그를 만날 수 없었다'는 구절들을 배치하고 있다. 이는 다시 한번 이웃들과 함께 새벽을 지키는 데 나서지 못했던 일에 대한 반성과 함께, '그'로 상징되는 그날 5월의 주인공의 억울함이 신원되기까지 역사는 바로 서지 못하고 있으며 동시대인들의 부끄러움도 가시지 않을 것이라고 고해하고 있다.

5·18광주민중항쟁을 주체적 시각에서 다룬 작품들이 적지 않은 가운데 시공간적 배경을 공유하고 있으면서 함께하지 못한 아픔을 반성적 시각에서 다룬 작품이다. 시인 나름의 분명한 시각과 함께, 비극의 역사가 청산되고 깨끗한 새벽으로 가기 위해서는 우리 모두 방관자의 입장에서 벗어나 남은 자들의 책임을 다해야 한다는 사유를 분명히 하고 있다.

뒤에 든 작품은 시인이 무등산 등산길에 만난 철쭉을 보며 광주와 5·18이 딛고 선 오늘을 돌아보고 있다. 장불재는 무등산 정상으로 가는 길목에 위치하여 정상부의 주상절리들을 한눈에 바라볼 수 있는 산행객들의 쉼터이다. 사방이 탁 트인 넓은 개활지로 광주, 담양, 화순 사람들이 만나 교류하고 소통하던 장소였다. 장불재를 지명 그대로 풀이하면 '긴 부처님', 와불臥佛을 뜻한다. 이곳에서 바라본 무등산 정상은 부처님이 누워계시는 형상이다. 이 같은 유래를 가진 장소를 시적 공간으로 택한 것은 무등 정상을 바라는 장불의 위력으로 시인의 고향 광주 사람들의 묵은 한이 풀리고 새 하늘이 활짝 열리기를 기원하기 때문일 것이다.

화자는 '5월의 그 바람 미처 느끼지도 못한 채/ 장불재 가는 길은/ 피고 지고 하는 피딱지 붉은 철쭉들'이라는 이미지의 제시를 통하여, 아직 아물지 않은 5월의 상처들을 환기하고 있다. '피딱지 붉은 철쭉들'이라는 이미지의 제시를 통하여, 광주의 5월이 입은 상처는 단지 아픔에 그치지 않는 값진 역사적 결실이라고 말하고 있다. 또한 '아, 5월의 꽃들은/

눈물방울 핏방울 떨어진 그 자리에서/ 여태 다 떠나지 못하였구나// 잎새에 꽂힌 햇살 털어 가며 살아 숨쉰 세월에 들지 못한 고개'라는 구절을 통하여 5월 광주의 진실은 아직 제대로 규명되지 못하였으며 남은 자들이 역사 앞에 고개를 들기 위해서는 하루빨리 묵은 과제를 청산하고 앞으로 나아가야 한다고 강조한다.

화자는 무등산 정상으로 가는 길을 받치고 있는 주상절리를 가리켜 '주상절리는 솟대 되어 광장을 지키려는지/ 여위어가는 태양 들어 올리려는 서석대가/ 소맷자락 붙잡고 놓질 않는구나'라고 묘사하고 있다. 이는 정상으로 가는 길을 가로막는 자 있어도 하늘로 뻗은 주상절리가 제 몸을 높이 들어올려 사다리가 되듯, 남은 자들이 끊어진 제 몸을 주상절리처럼 두어 바른 역사를 들어올려야 한다는 사유를 펼치고 있다. 직접적인 언술은 피하는 가운데, 시인이 삶의 자리에서 만난 사물과 자연을 빌어 메시지를 은근하면서도 설득력 있게 전달하는 품이 돋보인다.

자연에서 사람살이의 철리를 읽다

박병성 시의 바탕에는 늘 살아 있는 자연이 초석으로 박혀 있다. 하지만 그것을 부드러운 정서를 조성하거나 지친 일상에 활력을 선물하기 위해서가 아니다. 그가 오래 산을 벗 삼아 살아왔듯이 늘 친근하면서도 힘든 국면을 헤치고 나아가야 할 길을 알려주는 존재로 자리매김하고 있다. 그런 점에서는 워즈워드가 제창한 서정시의 정신과도 상통하는 바가 있다. 워즈워드의 서정시에 등장하는 풀과 꽃, 그리고 농촌 풍경은 단순히 목가적인 것을 넘어, 귀족 등 특권층이 아닌 서민들의 삶을 표상하는 존재들이다. 누구에게는 하찮은 것일지라도 가난한 서민들에게는 지극히 값진 것이 꽃이요 풀이며 흙냄새 물컹한 자연인 것이다.

산은 항상 거기에
북한산 사모바위처럼 그렇게 놓여있는 게 아니다
묵묵히 침묵하고 있는 게 아니다

칼바람 눈보라 속에서도
감춰둔 열기로 복수초 피우고
갈참나무에 새 움 트게 했느니
그래서 산 아래 것들 따라 피게 했느니

둘로 갈라져 얼어붙은 땅에서도
한라에서 시작하여 지리산으로
지뢰밭 지나 백두까지
산 아래 것들 보란 듯이
진달래꽃 피워 올라가게 했느니

이 땅 오욕의 빗물 가둬
태백산제 초헌관의 5천년 숨결로 정화하여
한반도 이 골짝 저 골짝

새물 뿜어 흐르게 했느니

보라, 이 땅에서 산은
한시도 해야 할 일 포기한 적 없다
호강에 겨워 등 따숩게 누워 본 적 없다

-「산 1」 전문

햇살도 숨죽이는 널문리 주막
푸른 색깔 널빤지다리에는
박새와 지빠귀 소리가 온통 진하늘색으로
찻잔에 녹는다
찻잔에 녹는다

남쪽에서 불어오는 명지바람 타고 온
아카시아꽃 향기도
비무장지대 묵은 습지 물비린내까지

찻잔 속에는 은밀한 사랑이
깊어진 한숨 속에
목메인 숨결로 가볍게 떨리고

봄은 절망의 강 앞에서
그대 이름 부르는 소리로는 오지 않는지

그윽하게 주고받는 눈빛으로

아무도 모르게 뜨겁게 끌어안고 오나 보다

-「하늘색 도보다리」 부분

자연을 소재로 한 두 편의 시들을 골라보았다. 앞에 든 시는 시인이 늘 벗하며 오르는 산을 소재로 하고 있다. 화자는 첫 대목에 '산은 항상 거기에/ 북한산 사모바위처럼 그렇게 놓여있는 게 아니다'라는 아이러니를 제시하고 있다. 사모바위란 북한산 비봉 능선에 있는 우람한 바윗덩어리로 옛 선비들이 쓰던 사모紗帽 모양을 하고 있다는 데서 붙여진 이름이다. 이 바위에는 병자호란 당시 사랑하는 여인이 청으로 끌려가자 그녀를 기다리던 한 남자가 북한산에 올라 청이 있는 북쪽을 바라보며 눈물을 흘리다가 바위가 됐다는 전설이 전해오기도 한다. 전설을 구체적으로 끌어들이고 있지는 않지만, 화자는 북한산을 가리켜 제자리에 붙박여 있는 존재가 아닌 무언의 메시지를 인간에게 던지는 존재라고 말하고 있는 셈이다. 즉 둘째 연에서 '칼바람 눈보라 속에서도/ 감춰둔 열기로 복수초 피우고/ 갈참나무에 새 움 트게 했느니/ 그래서 산 아래 것들 따라 피게 했'다고 언술함으로써 묵묵히 어려움을 감내하며 식생을 기르고 힘든 인간을 넓은 품으로 끌어안는 인간상을 떠올리고 있다.

이어지는 대목에 화자는 '둘로 갈라져 얼어붙은 땅에서도/ 진달래꽃 피워 올라가게 한다', '오욕의 빗물 가둬/ 한반도 이 골짝 저 골짝/ 새 물 뿜어 흐르게 한다' 등의 알레고리를 통하여, 북한산의 미덕을 선보이고 있다. 나아가 '산은/

한시도 해야 할 일 포기한 적 없다/ 호강에 겨워 등 따숩게 누워 본 적 없다'고 결구함으로써 우리들도 북한산 정신을 본받아 남북을 하나로 잇고, 어려운 세상 건지는 일로 쉼 없이 나아가야 한다는 점을 환기시키고 있다.

뒤에 든 시는 아마도 문재인 대통령과 북한의 김정은 사이에 남북 정상회담이 이루어진 판문점 인근 보도다리를 소재로 삼고 있는 듯하다. 화자는 먼저 '푸른 색깔 널빤지다리에는/ 박새와 지빠귀 소리가 온통 진하늘색으로/ 찻잔에 녹는다'는 이미지를 제시함으로써, 아무리 낡은 이념으로 갈린 남북이라 하여도 마음을 비우고 만나면, 찻물이 녹듯 하나가 될 수 있다는 사유를 담아내고 있다. 맑은 찻잔 속에 비친 '박새', '지빠귀', '온통 파란 하늘', '명지바람 타고 온 아카시아 향기' 등의 이미지는 비록 체제와 이념으로 갈라섰을지라도 산하는 결코 갈라지지 않고 하나라는 점을 환기한다. 또한 '봄은 절망의 강 앞에서/ 그대 이름 부르는 소리로는 오지 않는지// 그윽하게 주고받는 눈빛으로/ 아무도 모르게 뜨겁게 끌어안고 오나 보다'라고 결구함으로써, 봄이 봄이 아닌 세월 속에서 겉으로 불러도 오지 않지만 한민족은 외세의 간섭을 넘어 하나가 되어 있다는 인식을 담아내고 있다. 사람은 이념과 헛된 욕망 등으로 갈등의 골이 깊어가지만, 자연은 늘 하나가 되어 갈라진 사람들을 하나 되게 한다고 힘주어 말하고 있다.

이제까지 박병성 시인의 첫 시집에 수록된 시들을 중심으로 그의 시세계를 살펴보았다. 그는 거창하고 화려한 소재보다 일상의 소소한 것들을 주소재로 하여 시세계를 펼치고 있다. 하지만 사소한 메시지에 그치지 않고 그 안에 숨은 것들을 풍부하고도 깊게 끌어내는 힘을 갖고 있다. 그 비결은 그가 거느린 일상적 소재들이 단순하게 주변 소재로 그치지 않고, 사전적 의미를 넘어 풍부한 의미를 자아내도록 하는 데 있다.

그는 바른 역사의식을 지닌 사람이다. 고향인 광주의 5월이 미완인 채로 슬픔이 지속되는 일에도 뜨거운 분노를 느끼고, 때로 이태원 거리에서 생떼 같은 아이들이 아무 죄 없이 죽어가는 것을 보면서 분연히 그 아픔에 동참하고 신원하는 일에도 나선 사람이다. 하지만 그는 그 같은 메시지를 겉으로 드러내어 큰소리를 치는 법이 없다. 그 대신 풍부한 이미지를 담고 있는 사물이며 자연을 통해, 은근하면서도 설득력 있게 자신의 뜻을 담아내는 방법론을 택하고 있다. 그의 등장하는 모든 자연과 사물은 명징한 이미지를 넘어 시인의 깊은 속내를 담아내는 반려가 되고 있다.

또한 박병성은 보기 드물게 서정적 민족시를 기품 있게 창작해내는 시인이라고 볼 수 있다. 서정과 명징한 이미지, 그리고 깊은 주제를 함축하는 그의 시법은 그런 점에서 우리 시에 한 새로움을 보탤 것으로 보인다. 그가 이번 시집의 출간을 기회로 더욱 시적 세계를 심화하여 우리 시에 의미있는 일가를 이루기 바라면서 작은 논의를 마친다.

사라져간 붉은 꽃잎들

찍은날 2023년 6월 10일
펴낸날 2023년 6월 15일
제2쇄 2024년 1월 15일
지은이 박병성
펴낸이 박몽구
펴낸곳 도서출판 시와문화
주 소 13955 경기 안양시 동안구 경수대로883번길 33,
103동 204호(비산동, 꿈에그린아파트)
전 화 (031)452-4992
E-mail poetpak@naver.com
등록번호 제2007-000005호(2007년 2월 13일)
ISBN 978-89-94833-91-0(03810)

정 가 12,000원